Volcanes

Laaren Brown

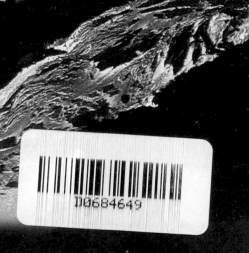

SCHOLASTIC INC.

¡Lee más! ¡Haz más!

Descarga gratis el nuevo libro digital

Volcanes: Lectura y diversión

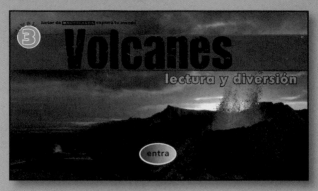

Pruebas para comprobar tus conocimientos y destrezas de lectura

Divertidas actividades para demostrar lo que has aprendido

Visita el sitio

www.scholastic.com/discovermore/readers

Escribe este código: L3SPX4247M43

Contenido

Originally published in English as *Volcanoes!*

Copyright © 2013 by Scholastic Inc.
Translation copyright © 2014 by Scholastic Inc.

All rights reserved. Published by Scholastic Inc., *Publishers since 1920*.
SCHOLASTIC, SCHOLASTIC EXPLORA TU MUNDO™, and associated logos are trademarks and/or registered trademarks of Scholastic Inc.

No part of this publication may be reproduced, stored in a retrieval system, or transmitted in any form or by any means, electronic, mechanical, photocopying, recording, or otherwise, without written permission of the publisher. For information regarding permission, write to Scholastic Inc., Attention: Permissions Department, 557 Broadway, New York, NY 10012.

ISBN 978-0-545-62779-5

12 11 10   20 21 22 23 24/0

Printed in the U.S.A. 40
First Spanish edition, January 2014

Scholastic hace esfuerzos constantes por reducir el impacto ecológico de nuestros procesos de manufactura. Para ver nuestras normas para la obtención de papel, visite www.scholastic.com/paperpolicy.

Tu mundo en erupción

En este momento, al menos diez volcanes están en erupción. Podría haber gente en peligro o muriendo a causa de los gases y la ceniza de esos volcanes. Podrían ocurrir flujos de lodo o de lava. Un volcán en erupción puede significar la muerte.

Pero las rocas y las cenizas de los antiguos volcanes ayudaron a formar nuestro bello planeta.

¡QUÉ DATO!

Casi el 80 por ciento de las erupciones

Hoy en día, los científicos que estudian los volcanes pueden ayudarnos a protegernos de estos fenómenos de la naturaleza.

PALABRA NUEVA

Un **vulcanólogo** es un científico que estudia los volcanes.

DILA EN VOZ ALTA

olcánicas de la Tierra ocurre bajo el mar.

Cómo funcionan los volcanes

La Tierra no es una gran pelota sólida. Su superficie es como un rompecabezas en tercera dimensión. A las enormes piezas de ese rompecabezas se les llama placas tectónicas. En los bordes de estas placas, el calor y la presión funden la roca que hay en el interior de la Tierra. Esa masa de roca líquida se llama magma.

Las placas se separan y el magma sube a cubrir el vacío.

Placa tectónica

Tipos de flujos de lava

Algunos flujos de lava tienen nombres muy interesantes. *Aa* significa "áspera". *Pahoehoe* significa "lisa". La lava almohadillada solo se forma bajo el agua.

Aa

Pahoehoe

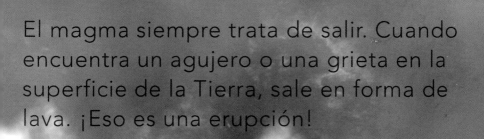

El magma siempre trata de salir. Cuando encuentra un agujero o una grieta en la superficie de la Tierra, sale en forma de lava. ¡Eso es una erupción!

Nube de ceniza

Cráter

Garganta

Grieta lateral

Cámara de magma

Placa

Placa

Una placa se mete por debajo de la otra.

Lava almohadillada

Algunos volcanes derraman lava tan lentamente que puedes observarlos por mucho tiempo. Otros explotan como bombas y a veces destruyen una gran área en minutos.

El volcán en escudo se forma cuando la lava fluye rápidamente sobre una gran área creando una montaña de suaves laderas.

El cono de escoria se forma a partir de pequeñas erupciones. La lava vuela por el

Volcán en escudo

Cono de escoria

Estratovolcán

aire y cae formando una ladera empinada con un cráter en la cima.

El estratovolcán se forma rápidamente a causa de grandes explosiones. Las capas de lava y ceniza forman una ladera empinada con un cráter en la cima.

El Soufrière Hills es un estratovolcán en Montserrat.

El dios del fuego

La palabra *volcán* proviene de Vulcano, el dios romano del fuego, que según la mitología vivía en el monte Etna.

Monte Fuji

El estratovolcán Fuji es la montaña más alta de Japón. Se considera un lugar sagrado.

Pelé

La diosa hawaiana de los volcanes vive en el cráter del Kilauea.

¡El Vesubio en erupción!

El 24 de agosto del año 79 d.C. en la ciudad de Pompeya, Italia, el día se volvió noche. El monte Vesubio había entrado en erupción. El humo y las llamas subían al cielo, y el aire estaba caliente y lleno de ceniza. Las personas trataban de escapar por las estrechas calles hacia la bahía. Del cielo caía una ceniza fina sobre ellas. Cada vez se hacía más difícil moverse. Poco después apenas se podía respirar el aire envenenado.

Algunas personas se echaron al suelo y nunca más se levantaron.

Pompeya había sido destruida.

Plinio el Joven, testigo ocular de la erupción

" **Se oían los gritos de las mujeres, los llantos de los niños, los alaridos de los hombres... algunos elevaban las manos a los dioses; pero la mayoría estaba convencida de que ya no había dioses, y que la noche eterna... había caído finalmente sobre el mundo.** "

PIENSA   **Gracias a Plinio, sabemos lo que**

ucedió en Pompeya.

Cuando el volcán entró en erupción, los habitantes de Pompeya no tuvieron tiempo escapar. Para muchos, las calles de la ciudad se convirtieron en sus tumba Muchos siglos después,

Pompeya fue redescubierta, sepultada bajo un manto de ceniza endurecida.
Al excavar, los arqueólogos hallaron finalmente la ciudad perdida y los cuerpos de sus habitantes.

Contra el turismo

Cada año 2,5 millones de turistas visitan Pompeya. Pero la ciudad es antigua y frágil. Todos esos visitantes que la recorren la deterioran poco a poco.

A favor del turismo

Los turistas gastan dinero en Pompeya comprando recuerdos y comida. Ese dinero ayuda a pagar los salarios de los expertos que cuidan de las ruinas.

Héroes de los volcanes

Los vulcanólogos investigan formas de predecir las erupciones. Su objetivo es evitar que vuelvan a ocurrir tragedias como la de Pompeya. Los científicos estudian los volcanes durante años. ¿Se han formado protuberancias? ¿Hay algún cambio en los gases? ¿Hay actividad sísmica, es decir, sacudidas y movimientos subterráneos?

Este vulcanólogo trabaja en una caverna de hielo.

0   1   2   3   4   5

Monte Pelée, 1902

Monte Vesubio, 79 d.C; Monte Santa Hele 1980

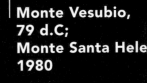

Dr. Erik Klemetti, vulcanólogo

"Hoy en día podemos recopilar mucha más información sobre la actividad volcánica que hace solo 15 años."

Cualquier cambio puede indicar que el magma está subiendo. Tras una erupción, los científicos usan el Índice de Explosividad Volcánica para medir su magnitud de acuerdo con una escala de 0 a 8.

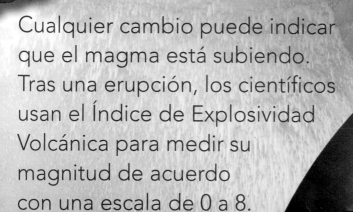

6

7

8

Monte Laki, 1783; Krakatoa, 1883

Monte Tambora, 1815 _____

En el lugar

El Dr. Erik Klemetti y sus estudiantes observan un volcán en Hawái.

Monte Toba, hace 74.000 años _____

15

David Johnston en el monte Santa Helena

El día antes de la erupción

¡Erupción en el monte Santa Helena! 18 de mayo de 1980

Los vulcanólogos arriesgan sus vidas para salvar a otros. En 1980, durante semanas se sintieron temblores de tierra en el área cercana al monte Santa Helena, en Washington. Se produjeron muchas erupciones pequeñas. David Johnston y otros científicos convencieron a los funcionarios locales de que cerraran el área al público.

David Johnston, geólogo

"Es como estar parado junto a un barril de dinamita que tiene la mecha encendida.

El monte Santa Helena hoy en día

Comienzan a salir rocas, ceniza y gases

La ladera se derrumba y se agranda el cráter

Un mes más tarde

El 18 de mayo, un fotógrafo estaba fotografiando el volcán cuando, de repente, pareció que la mitad de la montaña le caía encima.

Pudo salvarse, pero David Johnston y 56 personas más no corrieron la misma suerte. Murieron a causa de la avalancha de gases y piedras hirvientes.

Avalancha de ceniza
Este auto quedó sepultado en ceniza. Lo hallaron a 10 millas (16 km) del monte Santa Helena.

El Cinturón de Fuego

El monte Santa Helena se halla en el área más explosiva de la Tierra. A esa área la llaman el Cinturón de Fuego. Bajo el océano Pacífico, las placas tectónicas se mueven y chocan. Esos

CLAVE

 Volcanes

 Cinturón de Fuego

Cinturón de Fuego del Pacífico

El Cinturón de Fuego tiene 25.000 millas (40.000 km) de largo. Va del extremo sur de América del Sur hasta Nueva Zelandia.

¡QUÉ DATO!

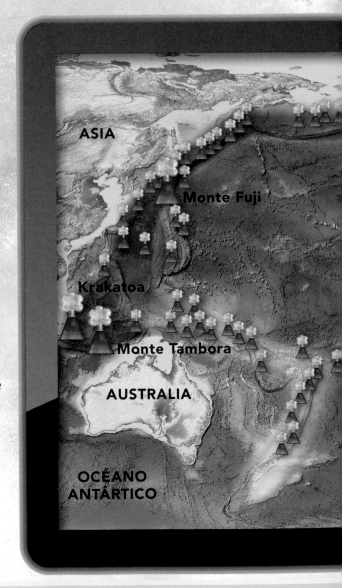

ASIA

Monte Fuji

Krakatoa

Monte Tambora

AUSTRALIA

OCÉANO ANTÁRTICO

 Las placas se mueven a la velocidad a la

movimientos crearon una cadena de 452 volcanes a lo largo de las costas. Las erupciones y terremotos submarinos que ocurren en el Cinturón de Fuego pueden causar tsunamis.

Monte Santa Helena

AMÉRICA DEL NORTE

Kilauea

Mauna Loa

OCÉANO PACÍFICO

PALABRA NUEVA

Un **tsunami** (o maremoto) es una ola gigante que puede inundar las áreas costeras en minutos.

DILA EN VOZ ALTA

que crecen tus uñas: 1,5 pulg. (3,8 cm) al año.

El estado de Hawái se encuentra en la placa tectónica del Pacífico. Los volcanes de Hawái son peculiares porque no están en el borde de una placa tectónica como la mayoría. ¡Están en el centro de una placa!

Hawái está sobre un punto caliente volcánico. Cuando la placa del Pacífico se mueve, el punto caliente expulsa lava. Durante millones de años, se han acumulado muchas capas de lava a medida que esta se enfría y solidifica.

¡QUÉ DATO!

Kilauea, un volcán en escudo

Un punto caliente es un lugar en el manto

Así se formó la primera isla de Hawái. Luego, la placa siguió moviéndose y formó otra isla. Y cada una de las islas de Hawái se formó así.

En la superficie hay varios volcanes. El Mauna Loa y el Kilauea son los más activos. Están casi exactamente encima del punto caliente.

OBSERVAR LOS VOLCANES

Hawái

En el Kilauea puedes acercarte al flujo de lava. Ese volcán ha estado en erupción desde 1983.

Yellowstone

Bajo el Parque Nacional de Yellowstone, el magma calienta el agua subterránea y la expulsa por los géiseres.

Lago del Cráter, Oregón

Las calderas volcánicas se forman cuando un volcán se derrumba. Luego el cráter se llena de agua formando un lago.

El Krakatoa, un volcán del
Cinturón de Fuego, entró en erupción
en 1883. Fue la explosión más ruidosa que se
haya registrado. La erupción y el tsunami que le
siguió mataron por lo menos 36.000 personas.

Una erupción aún más potente ocurrió también
cerca de allí en el monte Tambora, en 1815. Su
flujo piroclástico de lava, ceniza, gases y escombros
mató a 12.000 personas inmediatamente.

El flujo **piroclástico** bajó tan rápido por la ladera de la montaña que ninguno de los habitantes de la villa logró escapar.

Una erupción actual en Anak Krakatoa

Una nueva isla

La isla de Krakatoa fue destruida por la explosión. En 1930 surgió una nueva isla que fue formada por un volcán submarino.

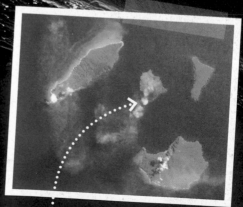

La nueva isla de Anak Krakatoa está en el centro.

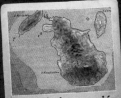

Antes de la erupción

Después

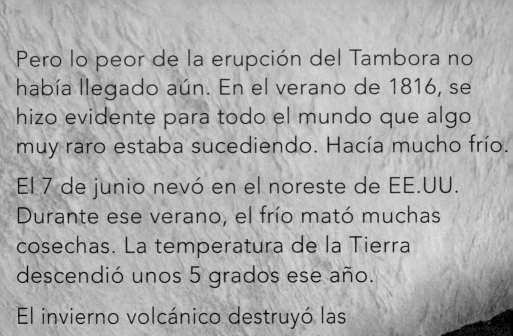

Pero lo peor de la erupción del Tambora no había llegado aún. En el verano de 1816, se hizo evidente para todo el mundo que algo muy raro estaba sucediendo. Hacía mucho frío.

El 7 de junio nevó en el noreste de EE.UU. Durante ese verano, el frío mató muchas cosechas. La temperatura de la Tierra descendió unos 5 grados ese año.

El invierno volcánico destruyó las cosechas. Alrededor del mundo, muchas personas y animales pasaron hambre.

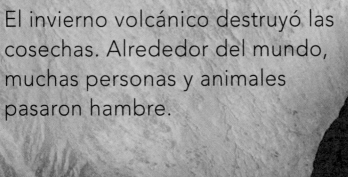

Caldera
Ahora el Tambora tiene una caldera de 3,7 millas (6 km) de ancho.

Ese clima tan frío fue causado en parte por la erupción. La ceniza y los gases bloquearon los rayos solares por muchos meses.

CRONOLOGÍA

5–17 de abril de 1815

El Tambora entra en erupción y comienza a expulsar ceniza.

Abril de 1815

La ceniza y los gases se esparcen por toda la Tierra, bloqueando la luz del Sol.

7 de junio de 1816

Comienza a nevar en el noreste de EE.UU., se pierden las cosechas.

16 de junio de 1816

En Europa, el frío obliga a Mary Shelley a quedarse en casa. Ese día se le ocurre escribir *Frankenstein*.

4 de julio de 1816

Los estadounidenses celebran el 4 de julio en ropa de invierno.

Septiembre de 1816

Se pierden cosechas en EE.UU. y Europa. Suben los precios.

1816–1819

Se produce una hambruna en EE.UU., Europa y la India. Mucha gente se muda al oeste de EE.UU. en busca de tierras más fértiles.

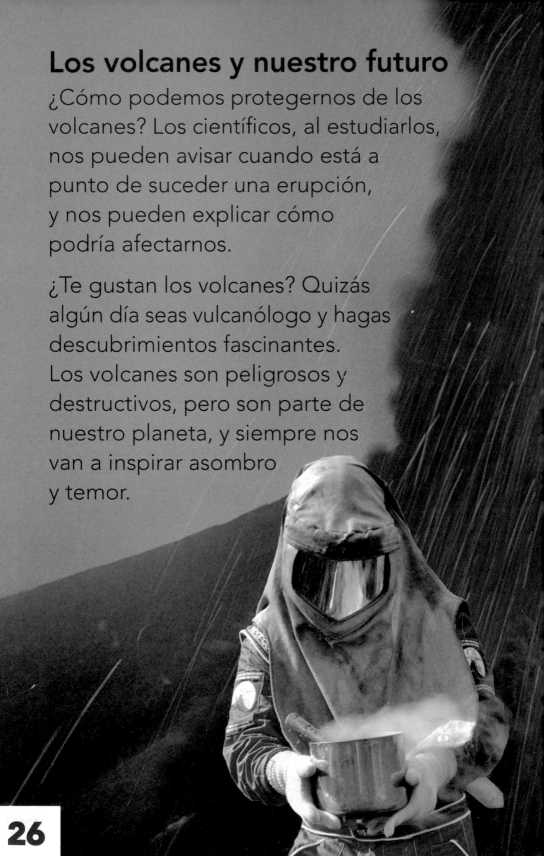

Los volcanes y nuestro futuro

¿Cómo podemos protegernos de los volcanes? Los científicos, al estudiarlos, nos pueden avisar cuando está a punto de suceder una erupción, y nos pueden explicar cómo podría afectarnos.

¿Te gustan los volcanes? Quizás algún día seas vulcanólogo y hagas descubrimientos fascinantes. Los volcanes son peligrosos y destructivos, pero son parte de nuestro planeta, y siempre nos van a inspirar asombro y temor.

Dr. Erik Klemetti, vulcanólogo

Es increíble que algo que parece permanente, como una roca, pueda salir de la tierra en forma líquida. Los volcanes siempre han fascinado a las personas.

Récords volcánicos

▲ El cuerpo celeste de mayor actividad volcánica

Ío es una de las lunas de Júpiter. Tiene más volcanes activos que cualquier cuerpo celeste del sistema solar.

Júpiter

Ío

▲ La mayor erupción

El monte Toba, en el Cinturón de Fuego del Pacífico, produjo la mayor erupción volcánica de los últimos 2 millones de años. Ocurrió hace 74.000 años.

▲ El historial más extenso

El monte Etna, en Sicilia, tiene un historial registrado más extenso que ningún otro volcán. Los antiguos griegos escribieron sobre él desde el 425 a.C. Y sigue activo hoy en día.

▲ El más grande de EE.UU.

La caldera del Parque Nacional de Yellowstone no ha tenido una erupción en 600.000 años, pero si tuviera una podría destruir dos tercios de EE.UU.

Old Faithful, un géiser de Yellowstone

🌋 La mayor cantidad de muertes

La erupción del Tambora en 1815 causó 92.000 muertes. La del Krakatoa mató a 36.000 personas. Y la erupción del monte Pelée en 1902 causó 30.000 muertes.

🌋 El flujo piroclástico más letal

El flujo piroclástico del monte Pelée destruyó completamente el pueblo de Saint-Pierre, en Martinica, causando la muerte de casi todos sus habitantes.

🌋 La mayor erupción de lava

En 1783, el monte Laki, en Islandia, estuvo ocho meses en erupción. Destruyó cosechas y mató mucho ganado, lo que provocó una gran hambruna.

¡Corre, corre!

🌋 El mayor tsunami volcánico

La erupción del Krakatoa en 1883 provocó un tsunami de 130 pies (40 m) de alto. La mayor parte de las muertes de ese desastre fueron causadas por el tsunami.

Glosario

aa
Palabra hawaiana para designar la lava "áspera".

actividad sísmica
Temblores o terremotos que ocurren en un área.

avalancha
Gran cantidad de tierra, nieve, hielo o roca que cae súbitamente por la ladera de una montaña.

caldera
Cráter muy grande que se puede formar cuando un volcán explota o se derrumba.

cono de escoria
Volcán de forma cónica que se forma cuando los residuos se acumulan alrededor de una chimenea.

cráter
Agujero grande causado por la actividad volcánica.

dinamita
Explosivo muy potente.

erupción
Fenómeno en el que un volcán expulsa lava y cenizas.

escarcha
Capa de hielo delgada que se forma sobre los objetos cuando hace mucho frío.

escombros
Fragmentos de algo que ha sido destruido.

estratovolcán
Volcán de laderas empinadas que se forma por la acumulación de ceniza y lava endurecida.

expulsar
Arrojar, lanzar algo.

flujo de lodo
Masa de tierra y agua en movimiento.

frágil
Que se rompe fácilmente.

géiser
Agua subterránea caliente que brota de la tierra como un chorro intermitente.

hambruna
Escasez extrema y prolongada de alimentos en un área particular.

lava
Roca líquida muy caliente que se derrama cuando un volcán entra en erupción.

lava almohadillada
Lava que se enfría bajo el agua y que tiene forma redondeada como la de un cojín.

magma

Roca derretida que está bajo la superficie de la Tierra y que se convierte en lava al salir por el cráter de un volcán.

manto terrestre

Sección de la Tierra que está entre la capa exterior y el núcleo.

pahoehoe

Palabra hawaiana con que se designa la lava fría y solidificada de superficie lisa.

permanente

Que dura mucho tiempo sin cambiar.

piroclástico

Formado por fragmentos de roca de un volcán.

placa tectónica

Cada una de las secciones de roca dura que forman la capa exterior de la Tierra.

predecir

Adivinar o determinar lo que va a suceder en el futuro.

protuberancia

Área que sobresale de su entorno.

punto caliente

Lugar donde el magma subterráneo sube hasta la superficie de la Tierra.

tsunami

Ola inmensa y muy destructiva causada por un terremoto o volcán submarino.

volcán en escudo

Volcán amplio y redondeado que se forma a partir de muchas erupciones de lava líquida.

vulcanólogo

Científico que estudia los volcanes.

Índice

Créditos

Fotografía y arte
1: Beboy_ltd/iStockphoto; 2–3t: Justin Reznick/iStockphoto; 2–3b: Keith Levit/Shutterstock; 3c: Warren Goldswain/iStockphoto; 4–5: Antonio Zanghi/Getty Images; 4bl: bubaone/iStockphoto; 6–7t: G. Brad Lewis/Science Source; 6–7 (main image): Tim Loughhead/Precision Illustration; 6br: Stephen & Donna O'Meara/Volcano Watch Int'l/Science Source; 7bl: G. Brad Lewis/Science Source; 7bc: OAR/National Undersea Research Program/Science Source; 8–9: Martin Rietze/www.mrietze.com; 8bl: Lagui/Fotolia; 8bc: Alexander Fortelny/iStockphoto; 8br: nstanev/Fotolia; 9 (globe): iStockphoto/Thinkstock; 9crt: Science Source; 9crb: prasit chansareekorn/Shutterstock; 9bc: Werner Forman/Corbis Images; 10–11 (fireballs): Jon Hughes/www.jfhdigital.com; 10 (round frame): Christopher Ewing/iStockphoto; 10–11b: Keith Levit/Shutterstock; 11 (frame): rudi wambach/iStockphoto; 11 (Pompeii): Media from the Discovery Channel's Pompeii: The Last Day, courtesy of Crew Creative, Ltd./Wikipedia; 12–13: Leonard Von Matt/Getty Images; 13cr: DHuss/iStockphoto; 13br: Christa Brunt/iStockphoto; 14–15: Justin Reznick/iStockphoto; 14–15 (ice cave): George Steinmetz/Corbis Images; 14–15 (lava balls): Piotr Krzeslak/Shutterstock; 14bl: Christopher Ewing/iStockphoto; 14bc, 14br: Erik Klemetti; 16–17 (t series): USGS; 16–17 (main image): USGS/CVO Photo Archive/Wikipedia; 16bl: Christopher Ewing/iStockphoto; 17br: USGS Cascades Volcano Observatory, Dan Dzurisin/AP Images; 18–19 (background): Shannon Stent/iStockphoto; 18–19 (tablet): loops7/iStockphoto; 18–19 (map): NOAA/Science Source; 18–19 (volcano graphic): Scholastic Inc.; 18–19 (Ring of Fire graphic): Andrew Robinson/iStockphoto; 20–21: Michael Szoenyi/Science Source; 21 (binoculars): Jill Fromer/iStockphoto; 21 (binocular inset): Mark Newman/Science Source; 21brt: Maridav/Fotolia; 21brc, 21brb: iStockphoto/Thinkstock; 22–23: Media Bakery; 23 (brown photo borders): Picsfive/iStockphoto; 23bl, 23bc: North Wind Picture Archives/AP Images; 23br: Landsat7 satellite, from Landsat program, NASA/Wikipedia; 24–25: NASA/Wikipedia; 25 (clock): jfelton/iStockphoto; 25r (t to b): bubaone/iStockphoto, iStockphoto/Thinkstock, browndogstudios/iStockphoto, iStockphoto/Thinkstock, david franklin/iStockphoto, Tomislav Forgo/iStockphoto, polygraphus/iStockphoto; 26–27 (background): Martin Rietze/www.mrietze.com; 26br: AnakaoPress/Science Source; 27tr: Christopher Ewing/iStockphoto; 28–29 (t border, volcano icons): Scholastic Inc.; 28–29 (lava): Christopher Ewing/iStockphoto; 28 (Jupiter, Io): Lars Lentz/iStockphoto; 28 (droplets, globes, penguin, bear): Scholastic Inc.; 28 (Etna): lapas77/Fotolia; 28 (flag): Sarunyu_foto/Fotolia; 28 (Old Faithful): Carlyn Iverson/Science Source; 29 (skull): polygraphus/iStockphoto; 29 (Pelée): Bettmann/Corbis Images; 29 (dog): Helle Bro Clemmensen/iStockphoto; 29 (cat): Tulay Over/iStockphoto; 29 (wave): Shannon Stent/iStockphoto; 30–31: G. Brad Lewis/SPL/Science Source; 32: Keith Levit/Shutterstock.

Cubierta
Front cover: (background) G. Brad Lewis/Getty Images; (cloud icon) Scholastic Inc.; (main image) Martin Rietze/Media Bakery. Back cover: (computer monitor) Manaemedia/Dreamstime. Inside front cover: bubaone/iStockphoto.

Agradecimientos
Muchas gracias al Dr. Erik Klemetti por su generosidad y paciencia al explicar muchos de los conceptos que aparecen en este libro, y también al Dr. Mike Goldsmith.